CATALOGUE

DES

GENTILSHOMMES

DE ROUSSILLON

FOIX, COMMINGES & COUSERAN

QUI ONT PRIS PART OU ENVOYÉ LEUR PROCURATION AUX ASSEMBLÉES DE LA NOBLESSE
POUR L'ÉLECTION DES DÉPUTÉS AUX ÉTATS GÉNÉRAUX DE 1789

Publié d'après les procès-verbaux officiels

PAR MM.

LOUIS DE LA ROQUE ET ÉDOUARD DE BARTHÉLEMY

PARIS

| E. DENTU, LIBRAIRE | AUG. AUBRY, LIBRAIRE |
| AU PALAIS-ROYAL | 16, RUE DAUPHINE |

1863

Tous droits réservés.

AVERTISSEMENT.

La province de Roussillon, conquise par Louis XIII en 1642, ne fut réunie définitivement à la Couronne que par le traité des Pyrénées, en 1659. Elle était située au pied des Pyrénées et bornée au nord par le Languedoc, à l'ouest par le Comté de Foix, à l'est par la mer Méditerranée, au sud par la Catalogne et la Cerdagne. Elle correspond aujourd'hui au département des Pyrénées-Orientales (1).

Les bourgeois de Perpignan et de Barcelone jouissaient, depuis un temps immémorial, du privilége d'accorder par l'élection aux citoyens de la « main majeure » des lettres d'honorabilité qui conféraient le droit d'être inscrit comme bourgeois notable au livre des matricules du Conseil de ville. Les Rois d'Espagne ajoutèrent à cette distinction purement honorifique l'exercice de quelques prérogatives attachées à la Noblesse, et les citoyens notables aspirèrent bientôt à toutes les franchises des gentilshommes.

En 1691, Louis XIV limita à deux le nombre de ceux qui

---

(1) La province de Roussillon porte : « D'azur à l'aigle d'or éployée à deux têtes. »

pourraient être immatriculés chaque année. A la veille de la Révolution française, un procès était pendant, depuis 1738, devant le Conseil du Roi entre les bourgeois notables ou citoyens nobles de Perpignan, et les *cavalers*, ou chevaliers de la province de Roussillon.

Afin de lever les difficultés et les embarras sans nombre que l'indécision de cette affaire ne manquerait pas d'occasionner lorsque la Noblesse s'assemblerait pour l'élection de ses députés aux États Généraux, les deux parties consentirent à ce que leur différent fût tranché par voie d'administration.

En conséquence, par lettres patentes de Louis XVI du mois de février 1789, enregistrées au Conseil souverain du Roussillon le 23 mars suivant, « le Roi reconnut indispensable de » maintenir les citoyens nobles dans la noblesse transmis- » sible, et dans tous les droits qui y sont attribués. »

Le pays ou Comté de Foix qui confinait au Languedoc, au Roussillon, au Comminges et à la vallée d'Andorre, correspond aujourd'hui au département de l'Ariége. Il faisait partie du patrimoine de Henri IV et fut réuni à la Couronne par l'avénement de ce prince au trône de France, en 1589 (1).

Le Comminges, avant la nouvelle division administrative de la France, était un pays avec titre de Comté, borné par le Languedoc, le Comté de Foix, le Couseran, les Pyrénées, le Bigorre et l'Armagnac. Il eut longtemps des comtes et des états particuliers. Sa réunion définitive à la Couronne remonte à l'année 1532, et la suppression de ses états, à 1668. Le Comminges forme aujourd'hui l'arrondissement de Muret dans le département de la Haute-Garonne (2).

La vicomté de Couseran ou Couserans, était enclavée entre le Comté de Foix, le Comminges et la Catalogne. Son nom lui vient des anciens *Consorani*, peuple d'Aquitaine. La petite ville

---

(1) Armes de Foix : « D'or à trois pals de gueule. »
(2) Armes de Comminges : « De gueule à quatre otelles d'argent, ou amandes, adossées en sautoir. »

de Couseran, qui ne forme aujourd'hui qu'une modeste bourgade dans les Pyrénées, fut prise et saccagée par les comtes de Comminges, vers le onzième siècle. Elle était encore, en 1789, le siége d'un évêché. Ce pays forme aujourd'hui l'arrondissement de Saint-Girons, dans l'Ariége.

Le Nébouzan, tout à fait enclavé dans le Comminges, vers la jonction des rivières de Garonne et de Nesle, se composait de la châtellenie de Saint-Gaudens qui en était la capitale; du bourg de Miramont, de la viguerie de Mauvezin et des trois châtellenies secondaires de Cassagnabère, Saint-Blancard et Sauveterre. Ce fief portait le titre de vicomté mouvant du royaume de Navarre et fut réuni à la Couronne par l'avénement de Henri IV.

La publication des Catalogues sera achevée dans le courant de l'année 1864. Il y aura un supplément pour les additions et les corrections (1). La table générale, dont il nous est impossible d'apprécier encore l'étendue, sera annoncée dans les dernières livraisons, avec le prix de souscription.

Paris, 15 décembre 1863.

---

(1) L'orthographe véritable du nom de Corvizard, porté aux *Catalogues de Champagne*, p. 8 et 54, et de *Lorraine*, bailliage de Metz, p. 20, est *de Corvisart*, au lieu de Corvizard ou Corvissart. C'est à cette famille qu'appartient l'illustre médecin de ce nom.

CATALOGUE
DES
GENTILSHOMMES DE ROUSSILLON.

PROVINCE DE ROUSSILLON.

Procès-verbal de l'Assemblée particulière de l'Ordre de la Noblesse des comtés de Roussillon, Conflent et Cerdagne, tenue à Perpignan (1).

23 avril 1789.

(*Archiv. imp.*, B. III., 119. p. 377-386.)

Le baron d'Ortafa, chevalier de Saint-Louis, colonel d'infanterie, inspecteur général des canonniers gardes-côtes, chevalier d'honneur et d'épée au Conseil souverain de Roussillon, président.

François-Xavier de Llucia, procureur syndic provincial, secrétaire.
Le prince de Montbarrey.
Le chevalier de Banyuls de Montferré ou Montferrer.
Le marquis de Valence.
Le marquis de Vivier-Lansac.
Demoiselle Serda.
Le marquis d'Oms.
Marian de Guanter.
Les enfants mineurs de Pagès.
Le chevalier de Palmarole.
Dame de Bertrand d'Esprés.

---

(1) Nous croyons devoir faire observer qu'un certain nombre de familles nobles ont pu ne pas figurer dans les assemblées de Roussillon, pour cause d'absence, de maladie ou d'abstention.

Le chevalier d'Anglada.
Le président d'Anglada.
D'Oms Texidor.
De Vilar.
De Vilar de Boisambert.
Bonaventure de Campredon.
Marquise de Blanes.
De Réart d'Oms.
De Pastors de Giblé.
D'Oms de Copons.
Eugène de Vaudricourt.
Le marquis d'Aguilar.
Le comte d'Aguilar.
Le chevalier de Rocheblave.
De d'Esprés.
De Candy Llobet.
De Candy de Joly.
D'Aubermesnil.
Marchand de Lahoulière.
D'Asprer de Boaça.
Dame de Boaça.
Abdon de Ros, comte de Saint-Feliu.
Le marquis de Gléon.
Joseph de Jaubert.
Emmanuel de Jaubert de Saint-Malo.
Louis de Jaubert de Saint-Malo.
François de Jaubert de Saint-Malo.
Le chevalier de Sabater.
Antoine de Jaubert, major de Mont-Louis.
De Bordas.
De Lassus, major de Prats de Mollo.
De Lassus, aide-major de Collioure.
De Jaubert, aide-major de Perpignan.
Jean Coll de Vivès.
De Riu, aîné.
De Riu, cadet.
De Miquel de Riu.
Duhaultemps d'Esordes.
De Roig, aîné.
Jean de Roig-Dotres.
Le chevalier de Roig, capitaine au régt de Médoc.
Antoine de Sampso.
François de Pontich.
François-Xavier de Compte.
Félix de Ribas.
Joseph de Cavaller.
Michel de Cavaller.
François de Bombes, aîné.
Jacques de Bombes, cadet.
Sébastien de Bombes, de Millas.

De Ferrières, ancien major de Languedoc.
D'Oriola.
Joseph d'Oriola.
Dominique de Coma-Serra.
De Parron.
De Guardia, père.
De Guardia, fils.
Ignace de Boixo.
De Balanda.
Antoine de Dulçat.
De Raymond, père.
De Raymond, fils.
De Raymond, fils aîné.
Etienne Noguer d'Albert.
De Noguer-Pagès.
Joseph de Blay.
Jean de Blay.
Michel de Coma-Serra.
François-Xavier de Llucia.
De Llamby-Artigues.
De Rovira-Jaubert.
Antoine de Raymond, cadet.
De Boixo, de Thuir.
De Pontich-Pélissier.
Louis-Michel de Costa-Serradell.
Assiscle-André de Costa (1).
Ange Delpas de Saint-Marçal.
Thomas de Barrera-Noell.
De Barrera-Delhom.
Capriol de Saint-Hilaire, capitaine d'artillerie.
De Réart-Miquel.
Augustin de Selva.
Joseph de Selva.
De Guanter-Barescut.
Dominique de Coma-Jordy.
Ignace de Coma de Montredon.
Joseph de Cellés-Prat.
Jean-François d'Ax de Cessales.
Dominique de Jordy de Garau.
Jean-Baptiste-Henry de Perpinya.
François de Romeu Sunyer.
Jean-Baptiste-Louis Noyer de Bellissendy.
Philibert de Bordas Mauran.
Antoine de Barescut-Duvernet.
François de Vilar d'Hams, major du fort des Bains.
François de Rovira de Ribes.

---

(1) Christophe Costa de Serda fut nommé *comte* à Bologne le 23 février 1530 par lettres-patentes de l'empereur Charles-Quint ; il prit le commandement de l'armée impériale après la mort du connétable de Bourbon (*Archiv. de Barcelone*).

Jacques de Battle-Prats.
Raymond de Battle-Reynalt.
Joseph-Philippe de Boquet.
Abdon de Noell, baron de Villaro.
Joseph de Maria-Carbonell
Joseph d'Esprès-de-Tamarit.
Raymond de Rovira-Bonet.
Jean-Baptiste de Llaro.
François de Llaro-Cellès.
Michel de Llobet-Massia.
Etienne de Riubanys.
Joseph-Augustin d'Oms d'Armangaud.
Bonaventure de Gonsalvo de Reynes.
Antoine de Bosch.
Joseph de Bruguère Tixador.
Jean-Ignace-Marie d'Amat.
Antoine d'Amat.
Narcis-Paul Ducup-de-Saint-Paul.
Antoine Ducup-de-Saint-Paul.
Marie-Ange Ducup-de-Saint-Paul.
Thomas de Palharès-Barrera.
Jean de Palharès-Roger.
Antoine de Terrena.
François de Barescut-Dulçat.
Joseph de Gelcen,
Alexandre de Cappot.
Joseph de Cappot.
Joseph de Bonnet de Salelles.
De Bonet de Garau.
François de Rocha.
Louis-Guillaume de la Chapelle.
Edme-Basile de Magny.
Michel de Bruguera Margouet.
Raymond de Matheu-Bon.
Antoine Delpas de Camporrells.
Le chevalier d'Ortafa.
Don Jean de Çagarriga.
François-Xavier de Gasanyola.
François Delfau.
Honoré de Massia.
Joseph de Maria-Candy.
Joseph de Llamby.
Dominique de Boixo de Noell.
Louis du Barry de Lassus.
Le chevalier d'Ax de Cessales.
Antoine de Miro, baron de Riu-Nogués.

De tous lesquels, les titres, qualités et pouvoirs ont été vérifiés par MM. Michel de Coma-Serra, le chevalier de Banyuls de Montferré, le baron d'Ortafa et Joseph de Blay, commissaires nommés à cet effet.

LISTE DES DÉPUTÉS DES TROIS ORDRES.

AUX ÉTATS GÉNÉRAUX DE 1789.

PERPIGNAN.

L'évêque de Perpignan (Jean-Gabriel d'Agay).
L'abbé de la Boissière, chanoine, vicaire général.

Le chevalier de Banyuls de Montferré, chevalier de Saint-Louis, ancien capitaine de cavalerie.
Michel de Coma-Serra.

Terrats, juge en chef de la viguerie de Roussillon.
Tixedor, juge de la viguerie de Conflent.
Roca, bourgeois de la ville de Prades.
Grassan, licencié ès droits.

GOUVERNEMENT MILITAIRE.

ROUSSILLON.

Le maréchal duc de Noailles, gouverneur général.
Le duc d'Ayen, en survivance.
Le maréchal de Mailly, lieutenant général.
Le duc de Mailly, lieutenant général en second.
De Chollet, commandant en second.
Ancelin, lieutenant de Roi.
De Réart, chevalier de Saint-Louis, lieutenant des maréchaux de France, à Perpignan.

Gouverneurs particuliers.

Perpignan ...... De Chollet, lieutenant de Roi.
  La Boissière, major.
Citadelle .... Chazal de Montrond, lieutenant de Roi.
  De Fontane, major.
Collioure .... Le marquis de Jonsac, gouverneur.
  Le chevalier de Bérard, lieutenant de Roi.
  Defranc de Poussan, major.

Salces	Hébert, gouverneur.
	De la Houlière, lieutenant de Roi.
Villefranche	Le comte de Rochambeau, gouverneur.
	Banaston des Granges, lieutenant de Roi.
	Dalougny, major.
Château	Le chevalier de Martrin, major commandant.
Bellegarde	Le comte de Montboissier, gouverneur.
	De Saint-Sernin, lieutenant de Roi.
Fort des Bains ..	Vilar d'Hames, major commandant.
Prats de Mollo ..	De Lassus, major commandant.
Mont-Louis	Le comte de Sommièvre, gouverneur.
	Sauret de la Borie, lieutenant de Roi.
	De Jaubert, major.
Port-Vendres	Le chevalier de Verneuil, major commandant.

GÉNÉRALITÉ DE ROUSSILLON.

(PAYS D'ÉTAT.)

1767. De Raymond de Saint-Sauveur, maître des requêtes, intendant.

CONSEIL SOUVERAIN DE ROUSSILLON.

Présidents.

1774. De Malartic, comte de Montricoux, premier.
1751. Cairol de Madaillan.
1758. D'Anglada de Rocabrune.
     Raymond de Copons del Llot, honoraire.

Conseillers d'honneur.

L'évêque de Perpignan, conseiller d'honneur né.
1779. De la Combe de Monteil, grand archidiacre de Roussillon.
1777. De Cappot.

Conseillers chevaliers d'honneur.

De Pagès de Copons.   D'Ortafa.

Conseillers.

1757. De Gispert, doyen.
1758. De Cazes.
1766. De Cappot.
1774. De Bonnet de Salelles.
1776. De Balanda, clerc.
1777. Després.

1781. Albert de Collarès.
       Tardiu de Villadomar.
       Pailhoux de Cascastel.
1783. De Gaffard.
       De Terrats.
       De Gispert-Dulçat.

Conseillers titulaires et surnuméraires.

1774. De Pons.
1782. De Vilar.

De Malartic, fils.
De Madaillan.

Conseillers honoraires.

Després.
D'Estève.
Pailhoux de Cascastel.
D'Avignan.

Costa.
Terra Pellisser.
De Gispert.

Gens du Roi.

1759. De Llucia, avocat général.
1762. De Vilar, procureur général.
1769. De Noguer d'Albert, avocat général.
1770. De Roumiguières, avocat général honoraire.
1773. De Blay Gispert, avocat général honoraire.
1779. Jaume, substitut.
1780. Blay, substitut.
       Vilar-Hames, greffier en chef.

(*État de la Magistrature en* 1789; — *Archiv. de la préfecture des Pyrénées-Orientales.*)

LISTE DES PREMIERS PRÉSIDENTS

DU CONSEIL SOUVERAIN.

1691. Raymond de Trobat.
1698. Comte d'Albaret.

1718. Comte d'Albaret, fils.
1751. De Collarès.
1753. De Bon.
1773. Peyronnet de Tressan.
1774. De Malartic.

PREMIERS PRÉSIDENTS A MORTIER.

1660. François de Sagarra, et gouverneur de Roussillon en remplacement de Thomas de Banyuls, en 1668.
1688. De Prats.
1695. De Copons,
1719. De Copons, fils.
1732. De Collarès.
1751. De Cayrol de Madailhan.
1787. De Cayrol de Madailhan, fils.

PRÉSIDENTS A MORTIER.

1660. De Fontanella.
1680. De Trobat.
1693. De Sallèles.
1701. Fornier.
1708. De Vilar Raynalt.
1732. De Vilar Raynalt, fils.
1743. De Feuilla de Boisambert.
1748. François de Copons.
1778. J. B. Anglada, président à la Chambre du domaine.

GOUVERNEURS DE ROUSSILLON.

1660. Anne de Noailles, comte d'Ayen.
..... Anne-Jules de Noailles.
1697. Adrien-Maurice de Noailles.
1718. Le duc d'Ayen, depuis duc de Noailles, maréchal de France.

CAPITAINES GÉNÉRAUX OU COMMANDANTS DE LA PROVINCE (1).

1660. De Chouppès.
1661. De Chatillon.
1681. De Chasseron.
1698. De Quinson.

---

(1) Louis XIV, en donnant une organisation définitive à la province qui restait unie à sa couronne, chercha à combiner pour elle un gouvernement qui, sans trop s'écarter de celui que lui assuraient ses constitutions, se rapprochât aussi de celui des autres provinces du royaume. La charge de vice-roi, qui n'avait pu être que temporaire, fut remplacée par celle de gouverneur général des deux comtés, comme il en était sous le régime espagnol, et le comte d'Ayen, qui en fut investi, eut sous lui un lieutenant général, qui retint d'abord de l'usage espagnol le titre de *capitaine général*, abandonné ensuite et remplacé par celui de commandant de la province. (HENRY, *Hist. de Roussillon*, t. II, p. 443-539, 540.)

1713. De Fimarcon.
1730. De Caylus.
1736. De Rocozel.
1739. De Chastellux.
1742. D'Augier.
1749. De Mailly.

LISTE DES GENTILSHOMMES

ET DES BOURGEOIS IMMATRICULÉS DE PERPIGNAN (1).

1751.

Gentilshommes titrés.

Le marquis d'Aguilar.
Le marquis de Montferrer (Banyuls).
Le comte de Saint-Félyu de Ros.
Le comte de Montégut.
Le marquis de Blanes.
Le marquis de Saint-Marsal.
Le comte de Ros.
Le marquis de Salèles.
Le marquis de Çagarriga.
Le vicomte d'Albaret.
Le marquis d'Oms.

Gentilshommes non titrés, reçus à l'Hôtel-de-Ville.

De Gazanyola.
De Ford.
De Bocquet.
De Terrène.
De Ganter.
De Bon.
De Foix (branche substituée à la branche de Foix-Béarn, établie au dix-septième siècle à Perpignan).
De Palmarola.
De L'Anglade.
De Çagarriga.
De Jorda.
De Riubanys.
De Campredon.
De Pagès.

(1) Extrait d'un manuscrit composé pour le maréchal de Noailles, gouverneur de Roussillon en 1751, aujourd'hui possédé par M. de Boadça, à Prades.

D'Oms du Vivier.
De Collarès.
D'Ortafa.
De Bocquet de Roègnes.
De Ganter de Gazanyola.
De Ros.
De Tamarit.
De Kerenedy.

Gentilshommes non reçus à l'Hôtel-de-Ville.

De Copons.
De Tamarit (don Raymond).
De Foix.
Le chevalier d'Ortafa.
De Campredon (oncle).
De Soler.
De Serda.
Le baron de Puigvert, ou Puyvert.
De Çagarriga de Langlade.
De Daubermesnil.
De Magny.
De Vaudricourt.

Bourgeois de matricule, dits aussi Bourgeois de rempart.

	DATE des lettres royaux.	de la matricule.
Carles,	»	1531
Réart (deux frères),	»	1534
Gonzalvo,	1559	1601
Armangau,	1611	1619
Jaubert,	1617	1627
D'Esprés,	1623	1643
Roca (de Collioure),	1629	»
Bertrand (d'Ille),	»	1643
Tixador (de Boulou),	1633	»
Sabatter (d'Ille),	1633	»
Py (de Rivesaltes),	1633	1684
Lassus,	1633	»
Abat (de Lleusa, en Espagne),	1634	»
Garau (de Prades),	1634	1684
Romeu id.	1634	»
Bruguère,	1636	»
Guardia,	1636	»
Pontiélice (deux),	1639	1712
Pagès (de la Roque),	1639	»
Coste (de Céret),	1639	»
Torrent (d'Arles),	1643	»
Camps id.	1643	»

	DATE	
	des lettres royaux.	de la matricule.
Doutres,	1643	1712
Miro (de Céret),	1644	»
Maria (de Ria),	1646	»
Nicolau (d'Ille),	1647	»
Contes (de Prades),	1648	»
Miguel (de Villefranche),	1648	»
Paulinier-Sabaterailles (d'Ille),	1650	e »
Balme (de Millas),	1650	»
Bosite (de Saint-Laurent de Cerdam),	1651	»
Gelien (de Prades),	1651	»
Bombes (de Millas),	1653	»
Vidal (de Toulouse),	1653	»
Roig (de Thuir),	1671	»
Pignet (deux frères),	»	1653
Bonnet id.	»	1661
Celles id.	»	1661
Battle (deux familles),	»	1661
Ribes (de Thuir),	»	1661
Bordes,	»	1661
Mestres,	»	1668
Jordy (deux familles),	»	1671
Coll (de Thuir),	»	1673
Ferriol (d'Ille),	1670	1673
Dupont (de Céret),	1673	»
Dulçat (originaire d'Ille),	1675	1709
Massiat (de Vinça),	1675	»
Coll (l'abbé),	1677	»
Salva,	1682	»
Crimedells (de St-Laurent de Cerdam-Elne),	1685	»
Roudel,	1688	»
Coma (deux familles),	1688	»
Bonet de Belderon,	1689	»
Blay,	1689	»
Noguès (deux frères),	1689	»
Rovira,	1689	»
Rovira (de Cleyro),	1689	»
Albart (d'Ille),	»	1689
Sicart (de Cerdagne),	»	1689
Salva (de Bon),	»	1692
Caveller (d'Ille),	»	1694
Glamby-Battle,	»	1699
Xampi (deux familles),	»	1699
Ganiverdieré,	»	1702
Gazanyola,	»	1703
Barescut (cinq frères),	»	1706
Pallarès (de Vinça),	»	1706
Saint-Jean (deux frères),	»	1707
Canclany (deux frères, dont un de Paris),	»	1710

	DATE	
	des lettres royaux.	de la matricule.
Detore,	1689	1710
Balanda (trois frères),	»	1711
Pilotte,	»	1712
Maris,	1716	»
Cazanova (de Millas),	1718	»
Boioco id.	1718	»
Pallarès (de Prades),	1719	»
Bordes id.	1721	»
Sampso (d'Ille),	1721	»
Raymond,	1722	»
Roze,	»	1724
Just (de Nozières),	»	1725
Cepot,	»	1727
Glaro,	»	1727
Besombes,	»	1733
Sarre,	»	1734
Robes (de Céret),	»	1735
Coste (de Saint-Laurent de Cerdam),	1735	»
Roig,	»	1746
Padern,	1747	»
De Servant (de Paris),	1749	»
Llucia (d'Arouillas),	1750	»
Riu.	»	»

Il faut ajouter à cette nomenclature le peintre Rigaud, qui obtint des lettres de noblesse, le 8 novembre 1723, en récompense de son talent.

CATALOGUE

DES

GENTILSHOMMES DU COMTÉ DE FOIX.

COMTÉ DE FOIX.

Procès-verbal de l'Assemblée générale des Trois Ordres de la province et comté de Foix, tenue à Pamiers (1).

30 mars 1789.

(*Archiv. imp.*, B. III., 100. p. 191, 206-216, 326.)

NOBLESSE.

Jean-Baptiste de Marquié de Crussol, chevalier, Sgr de Roquefort, etc., conseiller du Roi, lieutenant général, juge mage.

De Marseillas, pour le baron d'Arnave.
Pierre-François de Cellery d'Alens, père, baron de Durban.
D'Artiguières, pour le fief de Cubière.
De Fournier, Sgr de Garanon, — de Vèbre, Sgr de l'Herm.
Le marquis d'Usson, Sgr de Donezan.
Le chevalier de Lac-Vivier, — l'abbé de Monteils, Sgr de Bonnac.
Le marquis du Vivier, — le marquis de Bonfontan, co-Sgr de Lissac, — de Goyetes, Sgr de Casteras.

---

(1) Nous croyons devoir faire observer qu'un certain nombre de familles nobles ont pu ne pas figurer dans les assemblées du comté de Foix, pour cause d'absence, de maladie ou d'abstention.

Le chevalier de Calvet, — de Bertrand, co-Sgr de la Bastide de Besplas.
De Bélissens, baron de Bénac, — de Bélissens, Sgr de Pradières.
Morteau, pour le fief de la Bastide de Serou.
De Clauzelles, — les dames de Bourges, Sgresses de Rouzaud.
De Brie, Sgr dudit lieu.
D'Artiguières, — Mme de Caraybat, dame dudit lieu.
De Clauzelles, Sgr d'Artigues.
De Madron, — de Cazals, baron de Durfort.
De Castet de Miramont, baron de Roquebrune.
De Bélissens-Bénac, — le baron de Castelnau de Durban.
Le comte de Bélissens, Sgr de Bugnas.
Cazeneuve, — Rocher, possesseur de fief à Carcannières en Donezan.
Jacques de Roquelaure, pour fief à Quérigut en Donezan, tant pour lui que pour ses frères.
Donnoux, — le chevalier de Donnoux, Sgr de Sabarat.
De Bélissens, Sgr de Bénac.
Le marquis du Vivier, co-Sgr de Lissac.
Le chevalier de Lacvivier, — Dupac de Marsoulies, Sgr de Castex.
De Miramont, — du Gabé, possédant fief au Mas d'Azil.
De Baut du Castelet, pour fief au Fossat.
Le chevalier d'Orgeix, Sgr d'Orgeix et d'Orlu, — Fournier de Savignac, Sgr d'Ascouforgeat et Igneaux.
Dallens, fils (Cellery d'Alens), — Fantillon de Vebre, Sgr de Lherm.
De Morteau, — Falentin, Sgr de Sentenac.
De Marveille, — Mme de Fageac, possédant fief à Saverdun.
De Garanon, — Gardebosc, Sgr de Saint-Martin.
De Garanon, Sgr dudit lieu.
Le président de la Hage, — le marquis de Gudane.
Le comte de Bélissens, — le marquis de Lévis-Gaudiès, Sgr de Baulou.
De Lairoule, — Mme de Galan de Botte, co-Sgresse de Fossat.
De Saubiac (du Faur), — Mme de Goulard, possédant fief à Luzenac.
De Montaut, — le marquis de Hautpoul, baron de Ganac.
Desseres de Campagne, — Desseres, Sgr de Justiniac.
De Fiches, Sgr de la Rive.
Damboix, Sgr de Camarade (d'Amboix).
De Morteaux, — de Falentin, Sgr d'Allières.
De Garanon, Sgr dudit lieu.
De Miramont, — Langlois Laquerette, possédant fief au mas d'Azil.
De Goty de la Borde, Sgr de Larnat.
Desseres de Campagne, — de Lassale, co-Sgr de Meras.
De Layroulle, pour fief à la plaine de Florac.
Le chevalier d'Orgeix, — Moreau, co-Sgr d'Orgeix.
De Montaut-Brassac, — le baron de Miglos.
Le marquis de Montaut Miglos, Sgr de Junac.
De Montaut, Sgr de Brassac.
De Marseillas, Sgr de Saint-Jean de Verges.
Le chevalier Dufaur de Saubiac, — de Montfa, Sgr dudit lieu.
De Marveille, Sgr des Bordes.
De Pauliac, Sgr de Saverdun.
Gouzens de Fontaine, — Mme la marquise de Poulpry, Sgresse de Rieux.

Dufaur de Saubiac, — de Rochefort, possesseur de fief à Lézat.
Le chevalier Dufaur de Saubiac, — le baron de Saint-Paul.
Le marquis d'Usson.
Le marquis comte de Sabran, Sgr de Fornex, etc.
D'Artiguières, pour les héritiers Desseres, Sgrs de Péchauriol.
Le chevalier de Calvet, — Desseres-Pontaut, Sgr de Baulias.
Dufaur de Saubiac, Sgr du Fossat, Loubens et Cazaux.
Donnoux, Sgr d'Unzent.
De Belissens, — de Saint-Blancat, Sgr d'Esplas.
Le baron de Lestang, — le comte de Saman, Sgr du Vernet.
De Fiches, — le marquis de Mauléon-Narbonne, possesseur de fief à Cazaux.
De Morteau, — le marquis de Comminges.
De Lastronques, pour fief à Lezat.
De Clauzelles, — de Clauzelles, son frère, possédant fief à Montgaillard.
Le chevalier de Calvet, Sgr d'Arabaux.
Durrieu de Madron, pour fief à Gobert (du Rieu).
Durrieu de Madron, — Durrieu de Madron de Saint-Paul, possédant fief à Gobert.
D'Allens, — le baron de L'Estang, baron de Celles, possédant fief à Vèbre, du chef de ses enfants.
Le marquis du Vivier, — Lartigue de Goyétes, possédant fief à Saint-Ibars.
Le marquis d'Usson, — de Longuevergne, possédant fief à Aston.

Nobles non possédant fiefs :

Le baron Guilhon de l'Estang.
Dubruelh, officier dans le régt de Vivarais.
Charles de Gouzens, habitant de Bonnac.
De Cazeneuve.
Le chevalier de Morteau, capitaine au régt de Vivarais.
De Lac Vivier.
Le chevalier de Lac Vivier, ancien capitaine de chasseurs.
De Morteau de Montcru.
Desseres de Campagne.
Formant les membres de la Noblesse du Comté de Foix.

Assemblée particulière de la Noblesse (p. 326-335).

30 mars 1789.

Alexandre-Henry de Guilhon de Lestang, baron de Celles, pour Mme de Vernet, possédant fief au Vernet.
Pierre-François de Cellery d'Allens, baron de Durban, pour la Sgrie de Durban.
François-Stanislas de Cellery d'Allens, lieutenant dans le régt de Cambresis, pour le fief d'Allens.

Jean de Bertrand d'Artiguières, mestre de camp de dragons, chevalier
  de Saint-Louis, Sgr de Cubières.
Jacques-Jérôme de Fornier de Garanon, Sgr de Garanon.
Louis-Mathieu-Armand, marquis d'Usson, maréchal de camp, chevalier
  de Saint-Louis.
Le chevalier de Lacvivier, chevalier de Saint-Louis.
Pierre-Gaston, marquis du Vivier, Sgr de Lissac et de Labatut.
Julien-Martin-Thibaut de Calvet, chevalier de Saint-Louis, ancien lieu-
  tenant des gardes du Roi.
Élie de Bélissens, Sgr de Bénac, — Bélissens Pradières.
Jean-François de Morteau, — de Falentin.
Jacques Fornier de Clauzelles, — de Bourges.
Charles-François-Vital Durrieu, — Durrieu de Madron.
Jacques Durrieu de Madron, — Madron de Saint-Paul.
Jean-Pierre de Castel de Miramont, baron de Roquebrune, — Langlois
  Laguerette.
Henri-Gaston de Bélissens, — Saint-Blancart, Sgr des Plas.
Jacques de Roquelaure, — Simon de Roquelaure, son frère.
Jacques-Denis de Cazeneuve, — Rocher.
Paul d'Onnoux, — le chevalier d'Onnoux, Sgr de Sabarat.
Joseph-François Debaud du Castellet.
Alexandre-Joseph du Tonnel, Sgr d'Orgeix, — Fornier de Savignac.
Jean-Baptiste Dumas de Marveille, — Mme de Fajac.
Louis-Guillaume de Mengaud, baron de la Hage et de Château-Verdun,
  président à mortier au Parlement de Toulouse.
François de Longuevergne de Layroule, — Mme de Bon, Sgresse au Fossat.
Jean-Léobin Dufaur de Saubiac, — Mme de Gontaut.
Jean-Louis de Montaut, baron de Miglos, — le marquis d'Hautpoul.
Jean-Paul-Marie Desserre de Campagne, — Desserre de Justignac.
Joseph-Guillaume Faure de Fiches, Sgr de Larives, conseiller à la
  Cour des comptes de Montpellier, — Mauléon de Narbonne.
Jean-Paul d'Amboix, Sgr de Camarade et de Larbont.
Jean-François de Gotty, baron de Larnat.
Jean-François de Montaut de Brassac, — le baron de Miglos.
Jean-Anne Du Faur de Saubiac, — le baron de Saint-Paul.
Jean-François Duroux de Pauliac, Sgr de Saverdun, — de Madron.
Charles de Gouzens Fontaine, — la marquise de Poulpry.
Paul-François de Morteaux, — le marquis de Comminges.
Dubreuilh.
Delacvivier.
Defaure de Marseilhas, — le baron d'Arnave.
Morteau de Mouton, — Falentin.
François-Ignace de Guilhem de Saint-Pastou Lapeyre.
De Gouzens.
De Moreillan (Maureillan).
Le baron de Celles, doyen d'âge.

LISTE DES DÉPUTÉS DES TROIS ORDRES

AUX ÉTATS GÉNÉRAUX DE 1789.

PAMIERS

Font, chanoine, curé de l'église collégiale de Pamiers.

Le marquis d'Usson, maréchal de camp.

Vadier, conseiller au présidial de Pamiers.
Bergasse-Laziroule, ancien officier d'artillerie.

GOUVERNEMENT MILITAIRE.

FOIX, DONNEZAN ET ANDORRE.

Le maréchal de Ségur, gouverneur général.
Le comte de Donnezan, lieutenant de Roi.
Roussel d'Espourdon, marquis de Courcy, lieutenant de Roi.
Le baron du Gabé, lieutenant des maréchaux de France.

PRÉSIDIAL DE PAMIERS.

Le maréchal de Ségur, sénéchal.

De Marquié-Crussol, lieutenant général civil.
De Palmade-Fraxines, lieutenant particulier civil.
De Bardon, lieutenant particulier assesseur criminel.
Gaillard, doyen.
Darmaing.
Vadié.
Grave.
Dessort.
Vignes.
Darmaing, avocat du Roi.
Charly, procureur du Roi.
Castel, greffier en chef.

CATALOGUE

DES

GENTILSHOMMES DE COMMINGES

ET DE NÉBOUZAN.

COMTÉ DE COMMINGES ET DE NÉBOUZAN.

Procès-verbal de l'Assemblée générale des Trois Ordres (1).

4 avril 1789.

(*Archiv. imp.*, B. III, 50, p. 528, 554-573.)

NOBLESSE.

Henri-Bernard, marquis d'Espagne, baron de Ramefort, et dépendances, Sgr du chef-lieu de la châtellenie de Cassagnabère, Peyrouset, Salas, co-Sgr direct en paréage avec le Roi de la vallée de Binos, chevalier de Saint-Louis, chevalier honoraire de Malte, brigadier des armées du Roi, chevalier, sénéchal du pays et comté de Comminges.

---

(1) Le procès-verbal de l'assemblée de Comminges et Nébouzan ne fait connaître que très incomplétement les noms et les qualités des membres de l'ordre de la Noblesse présents ou représentés. Nous avons voulu conserver le caractère officiel du document des archives de l'Empire, tout en le complétant par les utiles renseignements que nous avons empruntés aux *Etats du Comminges et du Nébouzan*, — publiés par M. Victor Fons, juge au Tribunal de première instance de Toulouse. Broch. in-12. Muret, 1855.

Darcizas (Charles-Louis d'Arcizas, Sgr de la Broquère), colonel d'infanterie.
Marin, Sgr de Montbet (Philippe-Louis de Marin, officier dans les carabiniers).
De Marin, ancien mousquetaire (Jacques-Michel-François).
Davizard, chevalier de Saint-Louis (d'Avizard-Saubens).
Le baron de Malaverie (Jacques d'Agien, baron de Malvezie).
Le comte de Cardeillac de Lomné.
Dardiége (Baptiste-Alexandre d'Espouy d'Ardiége).
Dupac de Fronsac.
Dupuy d'Ardiége (Bertrand-Gabriel d'Espouy, père).
De Barrau (Pierre-Elisabeth-Denis), baron de Montagut.
Le baron de Saint-Pastou.
Le comte d'Astorg.
Le marquis de Sarlabous.
Le vicomte de Barége (Jean-Philippe-Joseph).
De Saint-Blanquat, de Martin de Ville.
De Castel, chevalier, baron de Roquebrune.
Bourret (de Bourret, Sgr de la Cave).
De Mezac, Sgr de Sabailhac.
De Miramont, capitaine de dragons.
De Binos (Bertrand), baron de Cuing.
De Belloc (Bertrand-Germain Laforgue de Belloc, prêtre).
Mme la comtesse de Beaumont (Marie-Jacqueline de Biran d'Armagnac, épouse de Louis de Laroque, comte de Beaumont, maréchal de camp, gouverneur en Périgord, Sgresse de la Hillère).
De Binos (Jean-Joseph), Sgr de Guran.
D'Elbeuf, chevalier de Saint-Louis.
De Bachos, Sgr dudit lieu.
De Bugat.
De Celles, comte de Marsac (Pierre-Marie-Emmanuel de Reversac de Célès).
D'Anceau, baron de Tersac.
De Lassus, Sgr direct de Montrejeau.
De Bourret, Sgr de la Cave.
Domezon, Sgr de Savignac.
Reynal, Sgr de Montamat (Joseph de Raynal, baron de Montamat, conseiller au Parlement).
De Comminges, baron de Saint-Lary.
Le commandeur de Comminges, colonel d'infanterie (Roger-Augustin).
La marquise de Pins (Marie-Ursule de Comminges).
Le marquis de Comminges de Lastronques.
De Capelle, Sgr d'Ox.
De Capelle, écuyer.
Mme de Calvel ;
De Cazassus, son père (Jean de Cazassus, Sgr de Bouilhac).
Demont, *aliàs* de Mont, Sgr et baron de Bentque.
Le vicomte d'Erce (Siregand).
De Fondeville, vicomte de Labatut.
Dupont, anc. capit. du régt d'Aquitaine (Jacques-Joseph de Carsalade).

De Carsalade, Sgr d'Aquin.
Le chevalier d'Erce (Alexis-Gaston de Siregand).
Mme la vicomtesse d'Alos (Anné-Charlotte-Joséphine de Cabalby).
De Malet, marquis de Castelbajac.
Dufas de Vignaux (Bertrand-Gabriel).
De Berné, baron d'Uzer.
De la Bastide, Sgr de Rieucazé (François du Pac).
Mme de Binos (Jeanne-Françoise de Veaux, veuve de M. de Binos).
Alexandre du Pac de la Bastide.
Mme d'Abadie de Coret (veuve de Jean-Louis de Labarthe-Coret).
Dispan, lieutenant des maréchaux de France (Dispan de Floran).
De Floran, Sgr dudit lieu (Dispan de Floran).
De Gestas, Sgr de Montmaurin.
Le chevalier d'Expolly (Blaise d'Espouy).
Despouy, son frère (Sébastien, Sgr de la vallée d'Oueil).
D'Encausse de Labatut, Sgr de Benquas.
Doujat, Sgr et baron d'Empeaux.
Mme Doujat, sa mère.
Le comte d'Espie.
Le marquis d'Ossun.
Mme la marquise de Lordat.
Deféraut d'Escurs, officier, Sgr dudit lieu (de Féraud, Sgr de Lescuns).
De Hunaud, chevalier, Sgr de Larrouzet.
Le marquis de Fontenilles.
Mme la comtesse de Montmorency.
Le comte de Larroche-Fontenilles (la Roche-Fontenilles).
De Faudoas de Barbazan, Sgr de Salerm.
D'Argelez, ancien major d'infanterie (Pierre de Saux, chevalier de Saint-Louis).
De Faudoas, officier.
De Fleuriau, garde du corps du Roi.
De Varès, baron du Fauga.
Le président de Belloc (baron de Prigue).
Dugabé, Sgr de Touille (Jean-Louis du Gabé).
La marquise de Cazaux Laran, baronne de Pointis.
Mme de Saint-Jean, baronne de Taurignan.
De Sers-Gensac, baron dudit lieu.
De Sers, Sgr d'Aulix.
Le baron de Méritens.
De Gaulejac, Sgr de Mirambel.
Le marquis de Castelbajac (Jean-Baptiste-Gaston).
Mme la baronne d'Aulon.
De Grandis.
De Gaillard (conseiller au parlement de Toulouse), Sgr baron de Frouzens.
Mme de Marin (Louise-Thérèse Lemercier de Bausoleil).
De Montgazin (Guillaume de Méric de Montgazin, baron de Saint-Paul en Foix, conseiller au parlement).
De Juillac, capitaine de cavalerie (François-Marie-Nicolas-Cosme de

Picquet de Vignolles, comte de Juillac (1), Sgr et baron de Montégut-Savès);
Le chevalier de Juillac, son frère.
Le comte de Villeneuve-Lanrazous.
De Jouve (Henri-Marie-Amable).
De Mengaud, président du parlement, baron de la Hage.
Le comte d'Ausson.
De Verdelin, Sgr d'Avantignan.
De la Tour (le marquis Hugues-Marie de Latour-Landorthe, Sgr baron de Saint-Ignan).
Le comte de Valence, lieutenant général des armées du Roi, Sgr de Boussan.
De Boussost, Sgr de Franquevieille.
De la Lenne, chevalier de Saint-Louis.
De Lacarry, chevalier de Saint-Louis.
Le comte de Lamezan (Jean-Pierre-Bernard-François, né comte de Saleins).
De la Motte, Sgr de Riolas.
De la Motte, Sgr de Frontignan.
Le chevalier de la Marque-Marquas, et pour son frère.
Le baron de la Passe.
De Gaujac, Sgr dudit lieu.
Clermont d'Auriac, Sgr dudit lieu.
De Larrey, Sgr de Sarrecave.
De la Passe la Marque.
De Courdurier, Sgr de Montbrun.
De la Passe, père.
De la Passe, Sgr de la Passe.
Descat de Montaut (d'Escat de Montaut, Sgr de Gouttevernisse).
D'Espinasse de Gouzens.
Le marquis d'Espinace (le marquis Pierre-Antoine de Lespinasse, conseiller au parlement).
De Lafforgue, baron de Lodes.
Le baron Le Sage, Sgr du Pin.
De Bon, Sgr de Savignac, *aliàs* Montpezat.
Desperron de Lasplaigne.
Le marquis de la Tour Landorthe.
Le marquis de Lascasse, père (de Luscan).
De la Fitte, père et fils.
De la Barthe (de Laburthe).
Le comte de de Polastron de Brox.
Mme la marquise de Puy-Laroque.
De Mailholas de Suquis (Jacques-Joseph-Paul-Théodore de Martin, marquis de Mailholas).
Mlle de Prohenques.
Le duc d'Esclignac (Henri-Thomas-Charles de Preissac).

---

(1) Le nom patronymique de cette famille est *Juillac*. V. le jugement de maintenue de noblesse, rendu le 30 avril 1700 par M. Le Gendre, intendant de Montauban. *(Bibl. imp. mss.)*

De Lartigue, Sgr de Montbernard.
De Lartigue de Goueytes.
De Malvin, Sgr de Lasségan.
De Barrau, chevalier de Montégut, chevalier de Saint-Louis.
Le comte de Chappuys, Sgr du Bézeril.
Ignace de Martres, écuyer.
De Sarrecave, Sgr direct de Coueilles.
De Martres-Beaulieu.
Le chevalier de Martres.
Le chevalier de Massoc.
Mme de Bugat, Sgresse de la Casse (Catherine de Colomès).
De Montpézat, Sgr de Nénigan.
Le baron de Sainte-Gemme (Bertrand-François de Miguel).
Mme de Francazal (Marie-Rose de Julianis).
Le chevalier de Montpezat.
De Péguilhan, Sgr de Nizan (François, Sgr baron de Nizan).
Le vicomte de Noé, maréchal de camp;
Le marquis de Noé, son frère.
D'Olivier, cadet, écuyer.
Le baron de Gachedat.
De Larrey, Sgr de Sarrecave.
D'Olivier, aîné.
De Malet, Sgr de Sedeilhac.
Mlle de Ribes, co-Sgresse de Sedeilhac.
De Saint-Jean, comte de Pointis.
De Binos, baron d'Encausse.
Le baron de Pointis, vicomte de Couzeran.
Le comte de Pannetier, baron de Montastruc.
Le comte de Vendomois.
De Saint-Jean de Pointis, prêtre.
Le comte de Vernon, maréchal des camps et armées du Roi (Jacques-Philippe du Haget).
Le marquis de Montgaillard (de Percin-Lavalette).
Le comte de Gontaut-Biron, marquis de Saint-Blancard.
Le baron de Poucharramet.
La marquise de Clermont.
De Pratviel, Sgr d'Amades.
D'Espagnon, chevalier de Saint-Louis (de Pagnon).
Le baron de Penne, Sgr de Marsas.
De Rabaudy, chevalier, baron de Tillet.
De Vic, Sgr de Bachas.
De Rességuier.
De Roquemaurel de Saleix.
Le baron de Montberaud.
Mlle de Garo, Sgresse de Prat.
De Roquemaurel, père et fils.
Mme de Sers de Cambon.
De Grenier d'Esplas.
De Sarradas, Sgr de Marsoulas.
D'Eymar, Sgr de Palaminy.

De Saint-Blancard de Saint-Victor, chevalier de Saint-Louis.
Mlle de Saint-Victor, sa sœur.
Le baron de Sarrieu, Sgr de Martres.
Le comte de Luscan (Jean-François de Gémit).
De Coret, Sgr de la Barthe Inard.
Le marquis de Sarrieu, fils.
Mme d'Espagne, Sgresse de Cassagne.
Mme de Lafue, Sgresse de Marignac.
De Suère de Lafitte, Sgr du Plan.
De Suère, ancien capitaine d'infanterie.
D'Encausse, Sgr de Gantiès.
Le baron de Sancerre, colonel de dragons, Sgr d'Escanecrabe (François Dupouy, baron de Sasers).
Mlle d'Espagne de Séglan.
De Vaysse de Saint-Hilaire, père et fils.
De Souville, Sgr de Villeneuve.
Le baron de Puymaurin (Nicolas-Joseph Marcassus).
De Sarrieu de Jense.
Baïon de Libertat.
De Roquemaurel, Sgr baron de Taurignan-le-Vieux
De Trébons, Sgr de la Busquière.
De Juillac-Montégut (François-Joseph).
Bruno de Baudéan, Sgr de la Garde.
De Seysses de Raulin.
Le vicomte d'Ustou de Saint-Michel, chevalier de Saint-Louis.
Le baron d'Ustou de Morlon, Sgr de Lestelle.
De Polastron-la-Hillère.
De Cambon, premier président du parlement.
De Sede, baron de Liéoux.
D'Arrous, officier (Bernard-François Darros, officier d'infanterie).
De Nestes d'Orbessan, capitaine d'infanterie.
Le comte de la Tour, Sgr de Noailhan.
D'Araignon, Sgr de Mauzac (d'Araignon de Villeneuve, baron du Fousseret).
De Siregand.
De Lanes.
Mme de Castel (Marie de Lézat).
Le baron de Saillas, Sgr (et baron) de Garravet.
De Lamamie de Clairac.
De Colomiès, Sgr de Gensac.
Irenne de Lotême (de Lalanne, ancien mousquetaire du Roi).
Le comte de Sabran (Louis-Auguste-Elzéar).
Le Gardeur de Mourla, *aliàs* Montcla.
Le baron de Penne.
De Suère de Lasserre.
Suère-Lasalle.
Grenier de Gourgues, Sgr de Montgaillard.
Suère de Larroque, *aliàs* de la Roque.
Grenier de Laplace.
Dujardin (de Binos).

Dutrain de Verdigni.
Jean-Hélène d'Anceau de Lavelanet Saint-Cizi, chevalier de Saint-Louis, capitaine commandant au régt de Bretagne-infanterie.
Jean-Jacques-Théodore-Constance d'Anceau de Lavelanet, chevalier de Saint-Louis, major du régt d'Anjou.
Joseph de Saint-Sarnin de Binos, curé de Huos, co-Sgr de Cierp et Siradan (1).
Le comte de Roffiac de Verlhiac, fils, représentait sa mère, co-Sgresse de Lavernose.

LISTE DES DÉPUTÉS DES TROIS ORDRES

AUX ÉTATS GÉNÉRAUX DE 1789.

COMMINGES ET NÉBOUZAN.

Pierre Cornus, curé de Muret.
Gabriel Lasmastres, curé de Lisle en Dodon.

Le baron de Montagut-Barrau (Pierre-Elisabeth-Denis). -
Le vicomte d'Ustou de Saint-Michel (Stanislas-Bernard-Pierre).

Jean-Pierre Latour, médecin et maire de la ville d'Aspet.
Bertrand Pégot, négociant de Saint-Gaudens.
Jean-Pierre Roger, juge-royal de Simorre.
Jean Laviguerie, juge-royal de Muret.

(1) Ces trois derniers figurent parmi les gentilshommes représentés, et ne sont pas portés sur le procès-verbal des Archives de l'Empire (V. *États du Comminges*, p. 32).

Liste des Gentilshommes du pays de Comminges qui ont adhéré aux supplications de la Noblesse de Toulouse (1).

10 juillet 1788.

Le comte de Panetié.
Le baron de Montagut-Barrau.
D'Upac du Tarté.
Le baron de Rabaudy-Montoussin.
Le vicomte d'Ustou.
Le baron de Villeneufve.
Le comte de Foix-Fabas.
Lapasse-Laloubère.
Le baron de Montberault.
De Pellicier.
Le chevalier de Pellicier.
De Martres.
Le chevalier de Gouzens.
Gaulejac de Touffailles.
Le chevalier Dupuy-Montbrun.
De Palaminy.
De Mont, baron de Benque.
Le chevalier Demont.
D'Arcizas de Labroquère.
De Soulancé.
De Bugat.
De Saint-Orens.
Le vicomte de Barége.
D'Orbessan.
De Marrast.
De Faudoas.
Le chevalier de Faudoas.
Le baron de Commenge.
De Rességuier.

De Larivière.
Lapasse-Laloubère.
Trebons de Labruyère.
Le chevalier de Trebons.
Maillas de Trebons.
Le baron Dugabé.
Le baron Dugabé de Touille.
De l'Orde.
De Sarradas.
Desplas de Grenier.
Bonnefoi de Laffite.
Castelviague de Laffite.
Le chevalier d'Upac.
De Binos.
Lassalle d'Upac.
Dequé de Montcaut.
De Suère de Lagrange.
De Suère.
Montagnac de Suère.
Laroque de Larribe.
Annibal de Suère.
De Gourgue.
Lamotte de Gourgue.
Le chevalier de Grenier.
Le baron Dustou de Cazaril.
Le chevalier de Carrière.
De Lezat de Castel.
De Jouve.
D'Erce.

(1) Extrait d'un choix de pièces et d'écrits divers sur la révolution qui a été tentée en France par les édits du 8 mai 1788 (*Imprimés du temps*).

CATALOGUE

DES

GENTILSHOMMES DE COUSERAN.

SÉNÉCHAUSSÉE DE COUSERAN.

Procès-verbal de l'Assemblée de la Noblesse de Couseran, tenue à Saint-Girons (1).

25 avril 1789.

(*Archiv. imp.*, B. III., 55. p. 145-151.)

Le marquis d'Espagne, sénéchal.

Le comte de Narbonne-Lara.
Le comte de Chambors.
Le comte de Tersac, pour lui et pour
— Mme de Tersac;
— Mme de Mailholas de Castéras.
Le chevalier de Castéras.
Le marquis de Mailholas;
— Le comte de Vaillac;
— De Fallage (Lafage), baron de Pailhès.
Dupac de Marsolies (du Pac).

(1) Nous croyons devoir faire observer qu'un certain nombre de familles nobles ont pu ne pas figurer dans les assemblées de Couseran, pour cause d'absence, de maladie ou d'abstention.

Dupac de Marsolies, fils.
De Lort de Senetac;
— La baronne de Saboulies.
Le baron Dugabé (du Gabé);
— de Miramont.
Le baron de Lingua de Saint-Blanquat;
— De Sollan de Saboulies;
— De Sollan d'Aut de Betmale.
De Méritens de Montagut;
— Le baron de Saboulies;
— Mlle de Montagut.
De Roquemaurel, vicomte de Montagut;
— Le vicomte de Pointis;
— Le comte d'Erce.
De Roquemaurel de Rousse;
— Le chevalier de Soullan, chevalier de Saint-Louis;
— Mlle de Montégut, sa sœur.
De Méritens-Villeneuve.
De Méritens-Pradals;
— Mlle de Lort d'Astien.
Le chevalier de Méritens de Pradals.
De Méritens de Pradals, fils;
— Mme la comtesse d'Erce.
Le comte de Pannetier de Miglos, Sgr direct de Villeneuve;
— Le baron de Taurignan;
— Mme de Miglos du Pesque, dame de Gajean.
Le chevalier de Miglos;
— Mlles Madeleine, Rose et Marie-Françoise de Miglos.
De Roquemaurel, capitaine d'infanterie;
— Le marquis de Comminges-Lastronques.
De Roquemaurel, officier de cavalerie;
— Mlle de Garo.
Dicard de Poulaud (Icard de Pontaut);
— Mlles de Betmale et de Roquemaurel Constensac.
Le chevalier Dicart de Pontanis (Icard de Pontaut).
Le chevalier de Bardies.
Robert du Bousquet.
Robert du Bousquet, fils.
Robert de Cassaigne.
De la Barthe de Cassegan;
— Mme la baronne de Pointis;
— De Lort d'Astien.
Robert de Cassaignes.
Robert de la Barthe.
Robert de Mounes.
De Gerins;
— Mme de Gerins;
— Mlle de Betmale.
De Castel de Longa.
De Verbissier de Connat.

De Verbissier de la Salle.
De Grenier de la Bade.
De Grenier de Panonnie.
De Grenier d'Alès.
De Grenier de Larroque.
De Verbissier de Coustard.
De Verbissier de la Tour.
De Robert de Lavernière.
De Larroque de Suère.
De Bouret, Sgr de la Cave et de la Hitte;
— D^{lle} Jeanne-Marie de Castéras ;
— D^{lle} Françoise de Castéras.
Le chevalier de Bourret;
— D^{lle} Marie-Anne de Castéras.
De Bordes de Saint-Georges.
De Siregand de la Campagne.

MM. le comte de Narbonne,
le comte de Tersac,
le vicomte de Roquemaurel,
de Castéras, furent nommés commissaires ;
le comte de Chambors fut nommé secrétaire.

LISTE DES DÉPUTÉS DES TROIS ORDRES

AUX ÉTATS GÉNÉRAUX DE 1789.

COUSERAN.

L'évêque de Couseran (Dominique de Lastic).

Le comte de Panetier.

Le comte de Chambors.

Liste des Gentilshommes du pays de Couseran qui ont adhéré aux supplications de la Noblesse de Toulouse.

12 août 1788.

Delort, baron de Gagean.
Miglos.
Legardeur.
Le baron de Lingua de Saint-Blanquat.
Le baron de Taurignan.
Miglos Dupesqué.
Le chevalier de Miglos.
De Seguin Lavelanet.
Méritens.
Delort, baron Dastien.
De Méritens, fils.
Castet Dubousqué.
Solan, baron de Betmale.
Cazeaux de Grenier.
Le baron de Solan.
De Castet.
Le chevalier Delort.
Castet.
De Lingua.
De Gerins.
De Castel.
Le chevalier de Gerins.
Roquemaurel, vicomte de Rousse.
Roquemaurel.
Le chevalier de Roquemaurel.
De Borrel.
Le chevalier de Borrel.
Dugabé.
Dugabé de Touille.
Méritens de Villeneuve.
Dallez de Grenié.
Dallez, fils.
Henri Dallez-Grenié.
Paul Dallez-Grenié.
Jean Dallez-Grenié.
Pontault de Serisos.
De Pontaut de Lisle.
Grenier de Salet.
Le chevalier de Poudelay.
Grenier Dezenon.
Le comte de Foix-Fabas.
Didier de Grenier, fils.
Lassalle Dincamps.
Vervigie de Vignassou.
De Vignassou, fils.
Le chevalier de Pontaut.
Dicart de Pontaut, vicomte de Soulan.
Roquemaurel, vicomte de Montégut.
Dougnac de Saint-Martin.
Le chevalier de Bardies.
Saint-Martin de Bouzigues.
De Labarthe Lassogan.
Paillas de Saint-Martin.
Castéras de Seignan.
Le chevalier de Castéras.
De Seguin.
De Saint-Ignan.
Le baron de Lapasse.
Daunous de Roquebrune.
De Seguin de Lavignasse.
De Seguin.
Le chevalier de Seguin.
Bellissens-Bénac.
Falentin de Saintenac.
Le baron de Miramon.
Morteaux de Bourdette.
Le chevalier de Pradals.
Méritens de Pradals, fils.
Ch. de Méritens de Pradals de Pujol.
Dupac de Marsolies.
Dupac de Marsolies, fils.
Le chevalier Dincamps.
De Sirgand.
Le chevalier de Sirgand.

PARIS. — IMPRIMERIE DE DUBUISSON ET Cⁱᵉ, 5, RUE COQ-HÉRON.

www.ingramcontent.com/pod-product-compliance
Lightning Source LLC
Chambersburg PA
CBHW060713050426
42451CB00010B/1428